BEI GRIN MACHT SICH IHR WISSEN BEZAHLT

- Wir veröffentlichen Ihre Hausarbeit,
  Bachelor- und Masterarbeit

- Ihr eigenes eBook und Buch -
  weltweit in allen wichtigen Shops

- Verdienen Sie an jedem Verkauf

Jetzt bei www.GRIN.com hochladen
und kostenlos publizieren

Anne Lorentzen

Die Kunst des Jurodstvo. Russische Aktionskünstler von Jurodivyj bis Pussy Riot

GRIN Verlag

Bibliografische Information der Deutschen Nationalbibliothek:

Die Deutsche Bibliothek verzeichnet diese Publikation in der Deutschen National-
bibliografie; detaillierte bibliografische Daten sind im Internet über http://dnb.d-
nb.de/ abrufbar.

Impressum:

Copyright © 2012 GRIN Verlag GmbH
Druck und Bindung: Books on Demand GmbH, Norderstedt Germany
ISBN: 978-3-656-58791-0

Dieses Buch bei GRIN:

http://www.grin.com/de/e-book/209882/die-kunst-des-jurodstvo-russische-aktions-
kuenstler-von-jurodivyj-bis-pussy

GRIN - Your knowledge has value

Der GRIN Verlag publiziert seit 1998 wissenschaftliche Arbeiten von Studenten, Hochschullehrern und anderen Akademikern als eBook und gedrucktes Buch. Die Verlagswebsite www.grin.com ist die ideale Plattform zur Veröffentlichung von Hausarbeiten, Abschlussarbeiten, wissenschaftlichen Aufsätzen, Dissertationen und Fachbüchern.

Besuchen Sie uns im Internet:

http://www.grin.com/

http://www.facebook.com/grincom

http://www.twitter.com/grin_com

Russische Aktionskünstler und Jurodstvo

Wie der Geist des Jurodivyj im Russischen Aktionismus weiterlebt.

Inhaltsverzeichnis

1. Einleitung

„Es ist ein Narr, ein Künstler, wenn wir Glück haben, ein ‚Narr in Christo'. Wir sollten ihm zuhören." So die letzten Worte der „Künstlerrede" von Hellmuth Matiasek. Doch was verbirgt sich dahinter? Was hat der Narr in Christo mit der Kunst zu tun? Die vorliegende Arbeit soll eben jene Fragen klären. Sie befasst sich mit der Tradition des Jurodstvo in der postmodernen russischen Kunst. Hierbei soll aufgezeigt werden, ob noch Verbindungen zwischen dem Narren in Christo und der Kunstszene des 20. Jahrhunderts bestehen und welcher Art diese sind. Dabei soll als erstes ein historischer Blick auf die Figur des Jurodivyj geworfen und sein Werdegang erklärt werden, bevor ein Bogen hin zur postmodernen Kunst und auch in die Neuzeit geschlagen wird.

Dabei orientiert sich die Arbeit an der Dissertation von Natalia Ottovordemgentschenfeldes, einer Studie, die sich der Phänomenologie und Typologie des Narren in Christo widmet. Zusätzlich wird für die Beschäftigung mit der postmodernen Kunst und dem neuen Jurodstvo auf das Buch Gesine Drews-Syllas zurückgegriffen, das sich ausführlich mit dem Moskauer Aktionismus und seinen Hauptvertretern Oleg Kulik und Aleksandr Brener beschäftigt. Für den letzten Abschnitt, in dem es um das höchste aktuelle Thema des Protests der russischen Punkband „Pussy Riot" geht, wird auf Grund der Aktualität auf online-Quellen zurückgegriffen werden müssen.

2. Das alte Jurodstvo

2.1. Definition

„Das Jurodstvo, welches das kulturhistorische Bild Russlands bis zum 19. Jahrhundert geprägt hat, ist eine religiöse Lebensform, in der sich urtümliche, spezifische christliche Gaben und Kräfte äußern, die in ihrer Urform bereits in den Evangelien und in der Apostelgeschichte nachgewiesen werden können und die in den Frommen der russischen Kirche eine wirkungsvolle Neubelebung erfahren haben."[1]

Das Wort Jurodstvo leitet sich vom russischen Adjektiv „jurodivyj" (rus. Юродивый) ab, das etymologisch von den Begriffen „urod, urodina, urodstvo, urodlivost" abstammt. Diese bedeuten so viel wie „Missgeburt, Scheusal, Krüppel, Ungeheuer, Entarteter".[2] In der Übersetzung des deutsch-russischen Wörterbuchs findet sich die Bedeutung „Narr in Christo, christlicher Asket, Gottesnarr, der sich aus Demut und Selbsterniedrigung für einen Idioten, Geistesgestörten oder Verrückten ausgibt" sowie „einfältig, närrisch, geistesgestört, ein Wahnsinniger, Blödsinniger".[3] Jurodivyj sei ein „Wahnsinniger, […]; das Volk halte Jurodivye für Gottesmänner, in deren bewusstseinslosen, unabsichtlichen Handlungen es nicht selten tiefen Sinn und sogar Vorahnung oder Vision finde."[4]

Der Jurodivyj ist ein charismatischer Frommer, der mit seinem Leben den Weg Christi repräsentiert und dessen Weg ans Kreuz symbolisch imitiert. Er ist aber auch eine Figur, die übriggebliebene Elemente des Heidentums und des sich verbreitenden Christentums vereint.

2.2. Die heilige Narrheit in der Orthodoxie

„Jedes Volk hat seine Kulturkonstanten, das heißt seine bevorzugten, von Jahrhundert zu Jahrhundert wiederkehrenden Ideen, Motive, Verhaltensmodelle, die in ihrer

---

[1] Ottovordemgentschenfelde, S. 55.
[2] Vgl. Ottovordemgentschenfelde, S. 58
[3] http://de.pons.eu/russisch-deutsch/
[4] Ottovordemgentschenfelde, S. 58.

Gesamtheit eine allgemeine Topik bilden."[5] Für die russische Kultur stehen bei der Bildung solch einer Konstanten die Orthodoxie und die damit einhergehende Anerkennung der Kirche als staatlich im Vordergrund. Einer der wichtigsten Aspekte, die durch die Kirche geprägt sind, ist die Vorstellung vom Ziel und Wert des Lebens. Das Leben wird als Schwelle zur ewigen Existenz begriffen, wichtigste Lebensaufgabe ist die Vorbereitung auf den Tod. Sinn des Lebens ist das Streben nach Demut und Ergebenheit, woraus in der russischen Kultur eine Tendenz zur Geringschätzung irdischer Güter resultiert. Die Vergöttlichung oder Gottwerdung ist Sinn der menschlichen Existenz.[6]

Das Wort „Narr" bedeutet im Allgemeinen ein geistig anormaler Mensch im weitesten Sinne, Narrheit steht für Dummheit, intellektuelle Beschränktheit aber auch für Geisteskrankheit. Im religiös-geistigen Sinn war das Narr bereits im Diesseits tot, auch die Hoffnung auf einen Aufstieg im Jenseits bleib verwehrt, da der Narr durch seine geistige Unfähigkeit nicht als Ebenbild Gottes galt. Im Mittelalter standen geistig und körperlich behinderte auf einer Stufe. Da man glaubte, Gott schuf den Menschen nach seinem Vorbild, war eine Vereinbarkeit des Gottesbildes mit einer physischen oder psychischen Einschränkung nicht möglich. „Im Mittelalter hatten die Narren eine wichtige Funktion und waren in der Gesellschaft unentbehrlich [...], da sie das Abstoßende im Menschen verkörperten und somit eine sozialhygienische Rolle übernommen hatten, die sich durch in der Verachtung der Menschen äußerte."[7]

Doch der Narr ist auch positiv konnotiert, so im „Narr in Christo". Dieser will dem kreuztragenden Christus nachfolgen und ein Leben der Weltüberwindung führen. Ausgehend von der tragischen Geschichte des Leben Christi hat sich daraus eine breite Narrenliteratur, vor allem in Russland in der Gestalt des Jurodivyj, entwickelt. Um zu vermeiden, für einen Heiligen gehalten zu werden, führt Jurodivyj ein Leben als armes, unvollkommenes Wesen, dass auf jegliche Form menschlicher Würde und Verpflichtungen gegenüber der menschlichen Gesellschaft verzichtet. Die heilige Narrheit ist eine Form christlicher Frömmigkeit, sie ist Ausdruck des religiösen Lebens. Sie hat ihre eigene Theologie, die die Grundmotive christlicher Verkündigung

---

[5] Ottovordemgentschenfelde, Natalia (2003), Jurodstvo, S. 17.
[6] Vgl. Ottovordemgentschenfelde (2003), S. 17-19.
[7] Ottovordemgentschenfelde, S. 42.

aufgreift. Als Grundlage der Forschung um die heilige Narrheit gilt der Erste Brief des Paulus an die Korinther: „Wie sind Narren um Christi willen […]. Hat nicht Gott die Weisheit dieser Welt zur Torheit gemacht?"[8] Hier gibt es verschiedene Auslegungsformen des Geschriebenen. So beschreibt Aleksandr Men'[9] die heilige Narrheit als „Torheit Gottes" in ihrer radikalsten Prägung. Daraus folgt ein einfacher Schluss: ist Gott töricht, so ist der einfache, ebenfalls törichte Mensch, der nach Gottes Ebenbild gefertigt wurde, näher am Heil und an Gott, als jener gebildete. Die Umkehrung der Deutung, dass nun die Dummen den Klugen voraus sind, führt zu einer neuen, bisher gänzlich unbekannten Seinsordnung. Denn auch in der Bibel steht „Selig sind, die da geistlich arm sind; denn das Himmelreich ist ihr"[10] Die wahre Weisheit liegt im christlichen Sinne also bei den „Unmündigen", die wie die Kinder sind, im traditionellen Sinne die Nicht-Weisen, die Narren.[11]

Die ältesten Grundlagen für die Phänomenologie rund um Jurodstvo finden sich bereits in Ägypten und im Byzantinischen Reich. In Ägypten entstand das Wort „monach" (Mönch), dass „Alleinlebender" bedeutet.[12] In Erzählungen um die Eremiten taucht auch die heilige Narrheit auf: „Wer wird Narr um Gottes willen, den wird Gott weise machen."[13] Von hier aus verbreitete sich die Vorstellung von Selbstverleugnung und Selbsterniedrigung, dem das russisch-orthodoxe Modell des Jurodstvos entstammt. Auch hier entwickelte sich die frühe Form der Selbsterniedrigung aus Demut und sich töricht stellen, um die Verachtung andere auf sich zu ziehen. Im Byzantinischen Reich wird das griechische Wort „salós" für den Geisteskranken, Närrischen gebraucht und erhält erst später die zusätzliche Bedeutung „Selbsterniedrigung".[14]

In Russland werden die Legenden des heiligen Narren aus dem elften bin 14. Jahrhundert überliefert, die Blütezeit liegt jedoch im 16. Jahrhundert. Etwa 30 bis 50 Jurodivye sind in Russland heiliggesprochen worden, weitaus mehr werden vom Volk als Heilige verehrt. Zum besseren Verständnis des Jurodstvo sind griechische

---

[8] Ottovordemgentschenfelde, S. 45.
[9] Men', Alexandr, zitiert nach: Ottovordemgentschenfelde, S. 12.
[10] Matthäus Kapitel 5, Psalm 51,19.
[11] Ottovordemgentschenfelde, S. 41-48.
[12] http://de.wiktionary.org/wiki/
[13] Ottovordemgentschenfelde, S. 51.
[14] Vgl. Ottovordemgentschenfelde, S. 51.

Heiligenviten geeigneter, da in den ursprünglichen russischen Quellen nachträglich zu viel verändert worden ist. Jene Quellen besagen, dass der Jurodivyj einer ist, der sich um Christi willen verrückt oder dumm stellte. Er gilt als verrückter, der hinter seinem Wahnsinn Heiligkeit, Weisheit und Frömmigkeit verbirgt, sein eigentliches Wesen also hinter einer Maske versteckt.[15] Jurodivyj ist Träger der Ordnung des Gottesreiches, der in eine Welt voll Verrücktheit und Besessenheit hinabsteigt.

---

[15] Vgl. Ottovordemgentschenfelde, S. 57.

3. Das neue Jurodstvo

3.1. Moskauer Aktionismus

In den 60er Jahren schwappte die Welle der Aktionskunst aus den USA nach Europa über und fand vor allem im Wiener Aktionismus ihren Höhepunkt. Hauptfiguren waren in erster Linie Günter Brus, Otto Mühl, Hermann Nitsch und Rudolf Schwarz-kogler, die auch für internationales Aufsehen sorgten. Sie kämpften für eine Um-wandlung der Gesellschaft und ihrer künstlerischen Ausdrucksformen mit Mitteln des Protests, die teilweise bis zu Hassorgien und Selbstmord führen konnten. Das Erleben der Abgründe der menschlichen Seele (Sadismus, Aggression, Geldgier, Perversität und andere) sollte in einer neuen Gesellschaft für jeden Einzelnen mög-lich sein. Freiheit sollte darin bestehen, den unterdrückten Trieben zu folgen. Ziel der Wiener Aktionisten war es, Geist und Materie in Einklang zu bringen, dabei wurde der Mensch in den Mittelpunkt der Kunst gestellt.[16]

In den 1970er Jahren gelangt diese Kunstform auch nach Russland, die sich aber erst in den 1990er Jahren, während der letzten Jahre der Perestroika und der Ära Jelzin richtig durchsetzten konnte. Die Künstler setzten auch hier oftmals ihren eigenen Körper ein, um in drastischer Art und Weise ihre auf Unmittelbarkeit, Schock- und Skandalästhetik sowie die auf quasi-politische Stellungnahmen bedachten Aktionen durchzusetzen.[17] Zu internationaler Bekanntheit gelangte insbesondere Oleg Kulik, auf den in einem späteren Teil der Arbeit noch genauer eingegangen wird, der als nackter, menschlicher und bissiger Hund auftrat. Ebenso bekannt ist wohl die Aktion Aleksandr Breners, der in einem Amsterdamer Museum Malevičs Werk „Weißen Suprematismus" mit einem grünen Dollarzeichen besprühte. Aber auch auf ihn wird im Folgenden noch eingegangen.

Ein Ziel sahen Künstler darin, dass Kunst als der gesamt-schöpferische Prozess ver-standen und nicht lediglich auf das greifbare Produkt reduziert wird. Der reine, schöpferische Akt wird zur Deklaration der Realität. „Situationen, Geschehnisse und Erscheinungen trivialen oder außergewöhnlichen Charakters werden manipulativ zur Herstellung provokativer Konstellationen innerhalb der Wirklichkeit vom Künstler arrangiert: die Einzigartigkeit des Kunstwerkes manifestiert sich nicht in den Markt-

---

[16] Vgl. Badura-Triska, Eva, *Wiener Aktionismus*, S. 22f.
[17] Drews-Sylla, Gesine, *Moskauer Aktionismus*, S.11.

werten, sondern in freigesetzter Kreativität und im erweiterten Bewusstsein von Wirklichkeit."[18]

Die ersten russischen Künstler, die nach diesem Prinzip handelten, war die Gruppe „Fliegenpilz" (Muchomor), die vor einer Kamera Fratzen schnitten und sich unflätig benahmen. Die weiteren Entwicklungen der Moskauer Aktionskunst waren eng an die Auftritte der Gruppe „Bewegung" geknüpft, die sich stark an der wissenschaftlich-technischen Revolution der 60er Jahre orientierten, jedoch ohne nennenswerte Erfolge blieben. Eine ausgereiftere Form präsentierten da Komar und Melamid mit ihrer „Soz-Art", in der sie die sowjetische Gesellschaft in Aktionen beschrieben. So bereiteten sie beispielsweise „wohlschmeckende Fleischknödel" aus Exemplaren der Zeitung Pravda. In den 80er Jahren entwickelte sich Aktionsgruppe, deren Narrengestalt mit debilem Grinsen, aus dem Mund laufenden Speichel und leeren Augen in die Welt starrt. Die „Champions der Welt" entwarfen diese Figur als Gegenstück zur rationalen Argumentation eines reflektierenden Subjektes. Ein Antiheld, der so abstoßend aber zugleich so faszinierend war, dass er zur Leitfigur der 80er und 90er Jahre wurde, war geboren. [19]

Moskauer Aktionskünstler wie Aleksandr Brener, Dimitrij Gutov, Oleg Kulik oder die „Fenso" Gruppe spielen in der russischen Kunst eine große Rolle. Sie passen sich ständig dem sich verändernden sozialen und gesellschaftlichen Umfeld an, um ihre Kunst möglichst wirkungsvoll zu gestalten. Durch Presseberichte, Skandale, Gerüchte und Veröffentlichungen versuchten sie ein möglichst breites Publikum zu erreichen und auf die neue, „antireflexive" Haltung aufmerksam zu machen. Brener beispielsweise arbeitete mit der „Technologie des Widerstands" gegen die bestehenden sozialen Umstände. So lief er zum Beispiel in Boxerausrüstung über den Roten Platz und schrie dabei immer wieder aus vollem Hals „Jelzin, komm raus!" Dies begründete er damit, dass die macht so abscheulich sei, dass man es ihr gesagt haben müsse.[20]

„Die Fertigkeit, soziale Manipuliertheit (sic) aufzuspüren, ist bei den Aktionskünstlern außergewöhnlich groß. Für deren Kundtun bedienen sie sich der Verfahren und Tradition der russischen Jurodivye."[21] Der Aktionskünstler, ähnlich wie Jurodivyj, tritt gegen bestehende Autoritäten auf und trägt seinen Protest in einer provokativen,

---

[18] Ottovordemgentschenfelde, S. 242.
[19] Vgl. Ottovordemgentschenfelde, S. 245f.
[20] Vgl. Ottovordemgentschenfelde, S. 248.
[21] Ottovordemgentschenfelde, S. 248f.

theatralischen Form vor. Es ist ihm nicht möglich, sich mit den bestehenden Werten und insbesondere ihren Träger zu identifizieren. Der Widerstand richtet sich gegen die Norm und äußert sich in Provokation, skandalösen Auftritten und Wahnsinn. Er erzeugt so ambivalente Reaktionen aus Lachen und Angst. Das strategische Ziel des Künstlers ist, die Verachtung gegenüber den Zuschauern zu demonstrieren, um als entgegengesetzte Reaktion ihre Verachtung zu ernten. Jurodivyj lebte auf diese Weise sein Ideal der christlichen Demut vor und versuchte seine Heiligkeit zu verbergen.[22]

Der Moskauer Aktionismus versuchte die sich rapide wandelnde Gesellschaft in neuen künstlerischen Formen darzustellen. Er war aber auch eine Reaktion auf den Niedergang der Sowjetunion. Er ist eine posttraumatische Kunst, die Kunst einer Gesellschaft im Übergang.[23]

3.2. Die Verbindung zu Jurodstvo

„Das Phänomen des russischen Aktionismus hat seine morphologischen Präformen im altrussischen Jurodstvo" behauptet Ottovordemgentschenfelde im letzten Teil ihrer Dissertation und will Parallelen aufzeigen.[24] „Die Verbindung des Närrischen mit dem Widerstand gegen herrschende Normen und ihrer Träger liegt in der Tradition des Jurodstvo.", schreibt sie weiter.

> „Wie der altrussische Jurodivyj der hagiographischen Beschreibung durch sein von der Norm abweichendes Anti-Verhalten sakrale Bedeutungen in die weltliche, von seiner Warte aus als närrisch erscheinende Realität einbringt, wie der Jurodivyj der Sowjetzeit Venja Erofeev das Sakrale in den säkularisierten Alltag überführt bei gleichzeitiger Entthronung sowjetischer Heiligtümer, so präsentieren die postsowjetischen Moskauer Aktionisten eine Neo-Sakralität, indem sie, in der Maske des Narren auftretend und provokative Verhaltensmuster nach dem Vorbild des Jurodstvo produktiv anwenden, die gleiche Funktion wie die altrussischen Jurodivye erfüllen: die Materialität der Welt auslachen, soziale Kritik ausüben und die Welt, die ‚nicht

---

[22] Vgl. Ottovordemgentschenfelde, S. 250f
[23] Drews-Sylla, S.12.
[24] ebd. S. 235.

kalt und nicht warm ist', erschüttern."[25]

Im Moskauer Aktionismus treten vor allem die Aspekte des spielerisch-gestischen und des närrischen in den Vordergrund, es gibt jedoch kein Martyrium, kein Blut. Der Jurodivyj der Moderne hat primär eine provokative und oppositionelle Funktion, er legt ethische und soziale Konflikte der Gesellschaft bloß und stellt diese unvermittelt und zum Teil unkonventionell dar.[26]

Der Zerfall der sowjetischen Ideologie zieht zwei Folgen nach sich. Zum einen massenhafte Desorientierung und Identitätsverlust auf individueller, kollektiver und gesamtgesellschaftlicher Ebene, zum Zweiten beginnt aber sofort die Suche nach neuen kulturellen Modellen, die die Weltordnung wieder herstellen. Russland fehle nach dem Ende der Sowjetunion eine klare Linie, es hat aufgehört, sowjetisch zu sein, ist aber auch noch keine parlamentarische Demokratie westlichen Typs, es ist nicht mehr sozialistisch, aber auch nicht kapitalistisch.[27]

Künstler bezeichnen Russland als das „Land der Narren" und prophezeien das Ende der Epoche der Reflexion und jedweder Sprache. Künstler wie die Collective Action Group überschreiten hier erstmals jede Grenze: die nackten Künstler der 90er Jahre urinieren, erbrechen, masturbieren, schneiden sich die Venen auf oder beißen Zuschauer bei ihren Aktionen.[28] Der inszenierte Skandal ist eines der wichtigsten Mittel der närrischen Selbstinszenierung und auch die bedeutungsvollste Verbindung zu Jurodstvo. Durch die Provokation soll eine Veränderung der vorgefundenen Zustände hervorgerufen werden. Zwischen dem Künstler und jedem, der jene Provokation erfährt, entsteht eine Beziehung, die sich zu einem Skandal entwickelt. Dieser stellt eine Verbindung zwischen dem Sittenkodex der Gesellschaft und deren Verletzung dar. Dabei geht es nicht um den Protest gegen eine einzelne Erscheinung sondern gegen die Haltung der gesamten Gesellschaft selbst. Der Skandal teilt verbotenes mit und zeigt Möglichkeiten auf, die gesellschaftliche Lage zu verbessern. Er selbst zeigt keine Lösungen auf, fordere aber die Obrigkeit dazu auf, nach selbigen zu suchen. Allerdings fiel es den Künstlern des Moskauer Aktionismus schwer solche Skandale hervorzurufen. Da sie immer mit Skandalen in Verbindung gebracht wurden, ging

---

[25] Ottovordemgentschenfelde, S. 235.
[26] Vgl. Ottovordemgentschenfelde, S. 236.
[27] Vgl. Ottovordemgentschenfelde, S. 237.
[28] Vgl. Ottovordemgentschenfelde, S. 238.

das Überraschungsmoment verloren und eine plötzliche Eskalation kam nicht zustande.[29]

Ein weiteres wichtiges Element ist die Nacktheit, die als Symbol für die soziale Kälte zu verstehen ist.

> „In bestimmten sozialen Situationen fühlen sich die Menschen entblößt, unabhängig davon, was sie anhaben, welche Kleidung sie von der natürlichen Nacktheit beschützt. Die Nacktheit ist ein phantasmatischer Schutzmechanismus vor den dominierenden Zuständen des Entkleidens – durch den Staat, die Armee, die Mafia – denen in der Zeit der sozialen Instabilität, dem in Russland momentan vorherrschenden Zustand, keiner entgehen kann."[30]

In der Tradition des Jurodivyj ist die Nacktheit ein Symbol für Unsichtbares und Verborgenes, sie demaskiert die Lasten und Sünden der Welt und überführt das Hässliche in den Status des Positiven.

In Russland entstand ein Radikalismus der Kunst, der vor allem durch die postsowjetische Realität, die Öffnung der Grenzen und die damit verbundenen neuen Kontaktmöglichkeiten und dem Wunsch russischer Künstler, die im Land ablaufenden destruktiven Prozesse angemessen zu repräsentieren, bedingt ist. „Durch die Anwendung des kulturellen Modells Jurodstvo erfüllen die Künstler zweierlei Aufgaben: 1. Sie üben eine soziale Kritik an der Gesellschaft in einer närrischen Form, die ihnen erlaubt, Narrenfreiheit einzusetzen. 2. Sie wenden das christliche Muster des Stellvertreters an, der durch seine Handlungen die anderen, die ihn nicht verstehen, trotzdem erlösen kann."[31] Es dominiert die Neigung zur Aggression gegenüber der Gesellschaft, die aber auch gegen sich selbst gerichtet wird. Kunstkritiker nennen die Künstler schizophren, debil, paranoid. Kunstkritiker Andrej Erofeev prägt in diesem Zusammenhang den Begriff „Wahnsinn", da dieser sowohl das Rollenverhalten des Jurodivyj als auch die Sphären des metaphorisch-dichterischen am besten zusammenfasst.[32]

---

[29] Vgl. Ottovordemgentschenfelde, S. 252f.
[30] Ottovordemgentschenfelde, S. 260.
[31] Ottovordemgentschenfelde, S. 240.
[32] Ottovordemgentschenfelde, S. 241.

3.3.Oleg Kulik als Hund

Oleg Kulik ist ökonomisch gesehen der erfolgreichste Künstler des Moskauer Aktionismus. Er wurde national und international berühmt durch seine Darstellung des
menschlichen Hundes, eine Figur, die er über Jahre hinweg entwickelte. Die Grund-
idee seiner künstlerischen Strategie war ebenso einfach wie genial: er zog sich nackt
aus, ging auf alle Viere und imitierte kläffend, bellend, meist aggressiv und teils bei-
ßend einen Hund. Diese Performance wurde in verschiedenen Variationen und an
den unterschiedlichsten Orten dargebracht: angefangen auf den Straßen vor der Marat Gel'man Galerie in Moskau (Anhang Abbildung 1), über internationale Ausstel-
lungen in Zürich und Stockholm, bis hin als Teil des internationalen Kunstraums in
Rotterdam, Berlin und New York. Er variierte weiter und brachte echte Hunde mit
ins Spiel. Er propagierte somit die orthopädische und genetische Umgestaltung des
menschlichen Körpers, mit dem Ziel einer gleichberechtigten Familiengründung von
Hund und Mensch – mit Hilfe der Gentechnik erzeugten biologischen Nachwuchses
mit eingeschlossen (Anhang Abbildung 2). Diese Aktionen fasste Kulik mit anderen,
die sich der Beziehung Mensch – Tier auf verschiedensten Ebenen widmeten, unter
dem Titel „Zoophrenie" zusammen. Er verwandelte sich dabei in die unterschiedlichsten Tiere, so beispielsweise in einen Vogel, motiviert durch den Familiennamen
„Kulik", der in der Übersetzung eine Schnepfenart bezeichnet.[33]

Mit der Darstellung des Hundes deklariert er den Verzicht auf menschliche Sprache
und anerzogenes Verhalten. Kulik lebt sogar zeitweise in diesem Zustand, das mehr-
tägige Verweilen in einem Käfig, unter körperlichen Entbehrungen und Lebensqua-
len, brachte ihn Jurodivyj näher.

Einen Interpretationsansatz für die Rolle des Hundes liefert Michail Ryklin, da das
„Hundewerden" bis zu den Kynikern zurück verfolgt werden kann, den „Hunden"
der von Sokrates-Schüler Antisphenes gegründeten philosophischen Schule, wobei
die Kyniker aber auch als Vorläufer der Jurodivye betrachtet werden.[34] „Sie propa-
gieren die Idee einer Inbesitznahme der Welt durch die Nicht-Teilnahme an ihr – die
Form eines asketischen, das Notwendigste verneinenden Lebens [...]"[35] Kulik selbst
erörtert sein Vorstellungen so, in der Konzeption des Tierischen gebe es keine Platz

---

[33]Vgl. Drews-Sylla, S. 167.
[34] Vgl. Ottovordemgentschenfelde, S. 265.
[35] Ottovordemgentschenfelde, S. 265.

für Kategorien wie Verbot, Begrenzung, Pflicht und ähnliches. Die Kultur habe versagt, die Menschen kehren zurück zur Natur.[36]

Auch die Performance „Vierte Dimension", die Kulik zusammen mit Mila Bredichina erarbeitete, widmet sich im Rahmen der „Zoophrenie" der Korrelation zwischen Mensch und Tier und erforschen das Tier als Alter Ego der Menschen. Die „vierte" Dimension symbolisiert eine fiktive Realität der natürlichen, spontanen Reaktion im Gegensatz zum Konzept der globalen Rationalität und Technisierung. Der „Hund" Kulik beobachtet eintretende Besucher, beschnüffelt sie, bellt sie an, spielt mit ihnen und versucht sogar einige zu beißen, verrichtet seine Notdurft mitten im Geschehen. Das ganze wird von drei Kameras – zwei an den Wänden, eine am Boden – synchron aufgezeichnet. Auch hierin spiegelt sich erneut das Jurodstvo-Modell: im Zuschauer wird durch Provokation Verachtung hervorgerufen, um Demut zu erfahren.

Das rote Banner als Zeichen revolutionärer Umgestaltung. In der Installation „Rote Ecke" verwandelt Kulik die XL-Galerie in Moskau in einen Ort gelegen zwischen Frieden und Aufstand, natürlicher Präsenz und aufgezwungener Gesellschaft. Auf einer Wand wird ein Film projiziert, in dem der Künstler die Zuschauer auffordert näher zu kommen. Kulik, in einer heroischen Angriffspose erstarrt, steht nackt in der winterlichen Moskauer Landschaft, ein rotes Band in der Hand. Über seinem Kopf kreisen Tauben, zwei Hunde, die kopulative Funktion an seinen Beinen vollziehend (Anhang Abbildung 3).

> „Die monumentalistische nackte Gestalt des Künstlers ist ein Teil des Kollektivkörpers. Sein Gesichtsausdruck zeigt Willen, Kraft und Macht. Das rote Banner verwendet Kulik als ein Symbol revolutionärer Umgestaltung. Die Natur wird in Gestalt der beiden Hunde personifiziert. Der Hund wird in Kuliks Aktionen zu seinem Alter Ego, zum Symbol seiner Kunst schlechthin, zu einem Boten der neuen zukünftigen Weltordnung und einem untrennbaren Teil des ontologischen Wesens des Künstlers."[37]

Mit der direkten Ansprache des Publikums provoziert Kulik eine Diskussion mit der Gesellschaft über die Gesellschaft.

Für viele Arbeiten Kuliks ist die „Geste der totalen Bedienung", eine Kombination aus Selbsterniedrigung und Demütigung des anderen, aus der der Künstler seine de-

---

[36] Vgl. Ottovordemgentschenfelde, S. 266.
[37] Ottovordemgentschenfelde, S. 267.

struktive Energie schöpft, ein außerordentlich wichtiger Teil. Durch sie erlangt er die totale Macht über den Anderen. Dies zeigt sich beispielsweise in der Aktion während einer Ausstellung mit Wachsfiguren russischer Imperatoren. Kulik verbeugte sich vor der Figur Pavels und erwies ihm „im Sinne der Politik der totalen Bedienung einen intimen Dienst."[38] Die Selbsterniedrigung stellte damit den Bedienenden an die Stelle des Herrschers. Hier wurde also das Gesetz in Bezug auf den wächsernen Körper des Imperators verletzt, der laut Definition vor dem Gesetz steht. Kulik führt Handlungen durch, die fern ab jedes Tabus stehen.

Eine weitere skandalträchtige Performance Kuliks ist der „Pavlovsche Hund", in der ein Tier imitiert wird, an dem unter Anwendung moderner Psychologie Versuche durchgeführt werden. Diese Aktion war die erste in Kuliks „Karriere als Hund", in der er nicht nur im Verlauf eines einmaligen Auftritts, sondern für einen längeren Zeitraum in der Figur des Hundes blieb. Der Künstler lebte einen Monat lang in einem speziell ausgerüsteten Labor, an ihm wurden exakt die gleichen Versuche durchgeführt, die Pavlov zur Erforschung der Reflexe des Hundes einsetzte. (Anhang Abbildung 4) Allerdings stand in diesem Fall im Vordergrund, wie der Mensch reagiert, wenn er bewusst auf Menschlichkeit verzichtet. Kulik ernährte sich während der gesamten Zeit ausschließlich von Hundefutter, das Ausstellungspersonal wurde ausdrücklich darauf hingewiesen, ihn als Tier und keinesfalls als Menschen zu behandeln, er verließ das Laboratorium nur dann, wenn jemand mit ihm „Gassi" ging. Kulik verhielt sich auch nicht mehr so aggressiv wie zu Beginn seines „Lebens als Hund", sondern viel mehr demütig und abgerichtet, wie ein braver Laborhund.[39]

3.4. Aleksandr Brener

Die künstlerische Praxis Aleksandr Breners ist der systematischen, realen Schädigung oder Vernichtung künstlerischer Objekte, Subjekte oder Institutionen gewidmet. Er erfindet seine eigene Sprache, eine physikalische Sprache der Aktion basierend auf dem Glauben, dass Kunst höchst politisiert sei, also die ökonomisch stärkeren Länder das Wertesystem kontrollieren.

---

[38] Ottovordemgentschenfelde, S. 268.
[39] Vgl. Drews-Sylla, S. 196.

Eine seiner bekanntesten Aktionen ist der Defäkationsakt vor einem Gemälde Vincent van Goghs 1994 im Puškin-Museum. Interpretiert wurde diese Tat als Verzweiflungsgeste der Unbesiegbarkeit der Museen als Ort der Sakralen. Brener hingegen beschreibt seine Tat so:

> „Eine Aktion zum Thema der Insolvenz wurde von mir im Puškin-Museum der bildenden Künste in Moskau durchgeführt. Dort ging ich zum Gemälde Van Goghs und habe geschissen; ich schrie dabei „Vincent! Vincent!". Geschissen vor dem Angesicht eines Gründers, eines Vaters. Geschissen habe ich und zeigte anschließend dem professionellen künstlerischen Publikum meine schwarze rauchende Scheiße. Und machte mich aus dem Staub, indem ich durch die Hallen flüchtete."[40]

Ottovordemgentschenfelde interpretiert diese Tat als Solidaritätsgeste mit Van Gogh, begründet auf der Aussage Breners er hätte sich zu jener Zeit in einer schöpferischen Krise befunden, da er die Kunst der Zeit für ausdrucksunfähig und insolvent hielt. Brener sehe sich auf einer Stufe mit Van Gogh, haben doch auch er und seine zeitgenössischen Künstler erkannt, dass die tausendjährige Tradition der christlichen europäischen Etikette zu Ende ginge. Der Kapitalismus habe gesiegt, Gott sei tot und der Menschheit seien die ontologische Basis ihrer Existenz und eine humanistische Kultur verlustig gegangen.[41] Hier fände laut Ottovordemgentschenfelde die Demonstration subjektiver Empfindungen eines Künstlers statt, der die Materialität, die Kommerzialisierung und die Entfremdung der Kunst von dem ontologischen Menschsein auf eine diese Materialität grotesk versinnbildlichende Weise präsentiert und sie als Kunstwerk im Rahmen einer Institution darbietet.[42]

Brener stilisiert meisterhaft klinischen Wahnsinn und begründet diesen ontologisch für seine alternativen Kunststrategien. Eben jenen Wahnsinn präsentierte er 1996 auf einem Berliner Kunstmarkt:

> „Er kam zu einer Pressekonferenz, er hatte ein schwarzes T-Shirt mit einem Batman-Muster an, in der Hosentasche eine Wasserpistole mit einer Ladung Leitungswasser und ein Spielzeug – einen gelben Plastikstock, der ein sonderbares Summen von sich gab, wenn man damit ‚fuchtelte'. Die Pressekonferenz wurde von einem ‚wichtigen

---

[40] Ottovordemgentschenfelde, S. 277.
[41] Brener, Aleksandr, zitiert nach: Ottovordemgentschenfelde, S. 278.
[42] Vgl. ebd. S. 278.

Onkel' eröffnet. Andere ‚wichtige Onkel' saßen im Publikum. Kaum hatte der Mann die ersten Worte gesprochen, sprang Brener auf und brüllte „Batman forever!!!" Der Redner verstummte. Brener trat nach vorne, stellte sich vor den Präsidiumstisch und fing an, mit dem gleichen Geschrei auf diese Vertreter der Kunst mit seiner Wasserpistole zu schießen. Sie ‚versteinerten unter dem Strahl'. Danach holte Brener seinen Stock heraus. In der Luft erklang ein Gepfeife, als würde im Saal ‚eine Kavallerie von Tschingiz-Kahn reiten'."[43]

Hieran kann man erkennen, dass Brener sich von dem Zwang der Autorität des ideologischen Systems freimachen will. Er attackiert die Tabubereiche unbeschwert, ungekünstelt, gar spielerisch, was die Aktionen umso wirkungsvollen macht.

Brener übernimmt in seiner Kunst die Ästhetik des Jurodstvo unverändert und modifiziert den Jurodivyj-Habitus dem postmodernen Zeitgeist entsprechend.[44] In seinem 1999 verfassten Programm „Was tun?" (что делать?) beschreibt er den Widerstand gegen die Gesellschaft so: „Auf dem Dach leben, auf die Repräsentation der Macht spucken, der Macht den Arsch zeigen, beißen, die Torte in die Fresse hauen, die Luft durch Gestank verderben, das Geld in der Welt verteilen, ohne Unterhose laufen, Künstler sein."[45] Die Funktion der Narrenstrategie setzt einerseits die Überwindung der Rationalität und der sozialen Normativität fort, richtet sich jedoch andererseits gegen die Institution „moderne Kunst". Es steht der Künstler, die Person im Vordergrund, nicht mehr das zu schaffende Werk.

Brener provoziert, richtet sich in allem was er tut gegen eine Gesellschaft voller Zwänge und schrickt dabei auch vor Zerstörung nicht zurück. Im Januar 1997 ging er, bewaffnet mit einer Sprühdose, in das Stedelijk Museum in Amsterdam und besprühet Kasimir Malevičs „Suprematism" mit einem grünen Dollarzeichen (Anhang Abbildung 5). Er wird verhaftet und zu fünf Monaten Gefängnis verurteilt. Russische Zeitungen titeln, dass nur Geisteskranke Kunstwerke beschädigen würden. Brener selbst beschreibt das ganze wie folgt: „Das Kreuz ist ein Symbol des Leidens. Das Dollarzeichen ist ein Symbol für den Handel. Humanitär gesehen sind die Ideen von Christus bedeutender als die des Geldes. Meine Tat war nicht gegen das Bild gerichtet. Ich sehe meine Tat eher als Dialog mit Malevič."[46] Das beschädigte Werk wird

---

[43] Ottovordemgentschenfelde, S. 279.
[44] Vgl. Ottovordemgentschenfelde, S. 275.
[45] Brener zitiert nach: Ottovordemgentschenfelde, S. 275.
[46] Brener zitiert nach: http://www.artcrimes.net/suprematisme-1920-1927#fn2

selbst zu einem Kunstwerk, die Aktion zum künstlerischen Akt. Im Jahr vor Breners Attacke wurde dem Gemälde die oberste Öllack-Schicht entfernt, da man feststellte, dass andere Werke Malevičs keine solche Schicht besitzen. Ironischer Weise ermöglichte erst das, dass die grüne Farbe das Werk vollständig durchdringen konnte.[47] Museen sind für Brener die Hauptbastionen kultureller Macht, sein Streben gilt der Inakzeptanz gegenüber der Macht des Geldes. Werke wie die Kasimir Malevičs sind für ihn Ausdruck modernen Kunst-Business. Der Wert eines Kunstwerkes wird nur noch in Geld gemessen. Er erhöht also den reellen Wert durch hinzufügen eines weiteren Dollarzeichens.[48]

3.5. „Pussy Riot"

„We are all Pussy Riot" skandieren die etwa 400 Demonstranten in Berlin[49] immer wieder und protesticren, wie tausende andere in 64 Städten überall auf der Welt[50] für die Freilassung der drei inhaftierten Frauen Nadjeschda Tolokonnikowa, Jekaterina Samuzewitsch, Marija Aljochina, besser bekannt als „Pussy Riot". Doch warum das Ganze? Die aus mehreren Frauen bestehende Punkrock-Band, die sich selbst dem „Riot Grrrl Movement" zuordnen, gelangte durch ihre Aktion in einer russisch-orthodoxen-Kirche zu weltweiter Aufmerksamkeit. Am 21. Februar 2012 sangen sie in der Christus-Erlöser-Kathedrale ein „Punkgebet" gegen Vertreter der Russisch-Orthodoxen Kirche und gegen den Ministerpräsidenten Vladimir Putin. Sie protestierten damit gegen das Patriarchat der Kirche und deren Aufruf zur Wahl Putins bei den Präsidentschaftswahlen.[51] Die Frauen schrien „göttlicher Dreck, Dreck, Dreck" und beschimpften Patriarch Kyrill I. als „Schweinehund". Die Jungfrau Maria riefen sie auf, Feministin zu werden. Nach ihrem Auftritt entschuldigten sich die Aktivistinnen bei den Gläubigen. Drei der Frauen wurden in Untersuchungshaft genommen, zwei weiter, die an der Aktion beteiligt waren, befinden sich auf der Flucht und haben Russland bereits verlassen.[52] Gegen die drei Frauen wurde Anklage wegen

---

[47] Vgl. Ottovordemgentschenfelde, S. 290.
[48] Vgl. Ottovordemgentschenfelde, S. 291.
[49] Zu sehen im Video der Künstlerin „Peaches" unter vimeo.com/47483917
[50] freepussyriot.org
[51] http://mokant.at/
[52] www.zeit.de

„Rowdytums aus religiösem Hass" erhoben, am 17. August wurden sie zu jeweils zwei Jahren Arbeitslager verurteilt[53], wogegen ihre Anwälte am 27. August Berufung einlegten.[54] Der vom russischen Parlament eingesetzte Menschenrechtsbeauftrage Vladimir Lukin kritisiert das Urteil hart. Er hält die Haftstrafe für die drei Aktivistinnen für unverhältnismäßig. Sollten sie in der Berufung scheitern, hat er die Möglichkeit, Beschwerde gegen das Urteil einzulegen.[55]

Zu der Verurteilung der Frauen äußerten viele Politiker aber auch Künstler Kritik. Die Vereinigten Staaten seien enttäuscht über das „Pussy-Riot"-Urteil und die unverhältnismäßig hohen Strafen. Präsident Barack Obama sagte, auch wenn das Verhalten der Punk-Rockerinnen für einige Menschen einer Beleidigung gleichkomme, habe die US-Regierung ernsthafte Bedenken wegen der Art und Weise, mit der diese jungen Frauen von dem russischen Justizsystem behandelt worden sind.[56] Auch Angela Merkel bezog Stellung und erhob schwere Vorwürfe gegen den Kreml. Das unverhältnismäßig harte Urteil stehe nicht im Einklang mit den europäischen Werten von Rechtsstaatlichkeit und Demokratie. Moskau habe sich aber zu eben diesen Werten aber unter anderem als Mitglied des Europarats bekannt. Experten sehen daran die ohnehin schon kühle deutsch-russische Beziehung auf ihrem Tiefpunkt angelangt.[57] Auch Popsängerin Madonna sympathisiert, wie viele andere internationale Künstler mit den Frauen der Punkband. Während ihres Konzertes in Zürich zeigte sie sich erschüttert und forderte die sofortige Freilassung der Inhaftierten.[58]

Doch gibt es nicht nur Kritik am Urteil, es regt sich vor allem Protest gegen Russland[59] und seinen Präsidenten Putin selbst. Gleich nach der Verhaftung der Kreml-Kritikerinnen und noch lange bevor das Urteil gefällt wurde, verbreiteten sich – überwiegend über die sozialen Netzwerke – hunderte Bilder, Zeichnungen, Karikaturen und Collagen, die die Situation und im Speziellen Putin angreifen. (Anhang Abbildung 6-9) Putins Plan, die aus mindestens zehn Mitgliedern bestehende Punkband mit einer Verhaftung zu unterjochen, ging nicht auf. Am Tag der Urteilsverkündung veröffentlichte eines der Bandmitglieder einen neuen Song, der dann auch gleich von einem dem Gerichtsgebäude gegenüberliegenden Balkon erschallte. In dem Song

---

[53] www.sueddeutsche.de
[54] www.spiegel.de
[55] www.zeit.de
[56] www.dradio.de
[57] www.spiegel.de
[58] www.zeit.de
[59] www.tagesschau.de

"Putin entzündet das Feuer der Revolution" findet sich eine überdeutliche Ansage gegen das politische System Russlands.[60]

Ein großer Teil der russischen Bevölkerung steht, im Gegensatz zu den tausenden internationalen Unterstützern, der Aktion „Pussy Riots" eher negativ gegenüber und begrüßt die Verurteilung sogar. Eine Umfrage des Forschungsinstituts Romir im März ergab, dass 70 % den Auftritt der Gruppe als eindeutig negativ bewertet, etwa 7 % zeigten Verständnis für die Band, hielten jedoch den Auftrittsort für falsch. Weniger als 1 % der Befragten äußerten ihre Unterstützung für „Pussy Riot". Ende März veröffentlichte dann das Lawada-Zentrum die Ergebnisse der Umfrage zur drohenden Strafe von zwei bis sieben Jahren Haft. Fast die Hälfte der Befragten hielte das Strafmaß für adäquat, 35 % nannten die Strafe übertrieben. Im August wurde dann ebenfalls durch das Lawada-Zentrum eine Umfrage zur Fairness des Gerichtsprozesses durchgeführt. 44 % der Befragten gaben an, an die Objektivität des Gerichtsprozesses zu glauben, lediglich 17 % beantworteten die Frage mit „nein".[61]

Vertreter des deutschen Protestantismus kritisieren die Debatte um die russische Band. „Blasphemie taugt nicht als Mittel des Protests" titelt die die Pressemitteilung der Evangelischen Nachrichtenagentur idea. Ulrich Rüß, Präsident der der Internationalen Konferenz Bekennender Gemeinschaften (IKGB), kritisiert den Umgang der Presse mit Aktion. In den Medien gehe es nur noch um das Recht auf Meinungsfreiheit. Jedoch verkenne man die Tragweite der Gotteslästerung durch die Gruppe. Auch er hält zwar die Höhe des Strafmaßes für nicht berechtigt, sagte aber auch, dass man nicht vergessen dürfe, dass die Frauen die Gefühle der russischen Kirche und ihrer Gläubigen ganz bewusst haben. Dies konterkariere den Einsatz für Menschenrechte.[62]

Kritik an der Mediendarstellung übt auch Moritz Gathmann der FAZ. Die Presse würde ein viel zu weiches Bild der Frauen zeichnen, es entstehe ein verzehrtes Bild vom bösen russischen Staat gegen unschuldige Mädchen. Gathmann deckt die Vergangenheit der Frauen auf, die denen, die sich mit dem Thema ernsthaft auseinandersetzen, längst bekannt ist. Die 22-jährige Nadjeschda Tolokonnikowa gehört seit Jahren der russischen Aktionskunstszene an und gelangte in Russland durch eine Gruppensexszene in einem Museum zu „zweifelhaftem" Ruhm. Die Gruppe „Woi-

---

[60] www.rollingstone.de
[61] www.wikipedia.de
[62] www.idea.de

na", der sie angehöre, fiel durch viele solcher Aktionen auf, sie verkaufen Pornografie als Kunst. „Woina"-Gründer Oleg Worotnikow erklärt ihr Anliegen symbolisch so:

„Nicht anschaffen gehen ist das Lebensprinzip von Woina. Unsere Aktivisten sind keine Schlampen, sie verkaufen nichts und kaufen nichts. Sie leben, ohne Geld auszugeben, also ohne anschaffen zu gehen. Sie vögeln nach allen Regeln der Kunst die zuhälterische russische Wirtschaft und das Regime, das das Volk vernichtet. Alles, was Woina braucht, nimmt es sich umsonst. Lebe umsonst, stirb ohne anschaffen zu gehen. Nieder mit der Küchensklaverei, es lebe die russische Frau!"

Gathmann versucht anfänglich wertungsfrei zu schreiben, bleibt dem aber nicht sehr lang treu. Er bezeichnet den Duktus der Interviews, die die Frauen geben als arrogant, rechthaberisch und vergleicht die Aktivistinnen sogar mit der frühen Generation der RAF.[63] Der Beitrag will kritisch auf die bisherigen Aktionen der Frauen eingehen und ihre Hintergründe aufzeigen, wirkt aber wie das Gepetze eine bockigen Kindes. Die Medienberichterstattung kritisch zu reflektieren ist richtig und wichtig, jedoch sollte darauf geachtet werden, dass die Kritik sachlich und neutral bleibt und Personen nicht verunglimpft werden.

Im Laufe der Verhandlungen kam es immer wieder zu Protesten in Moskau. So demonstrierten Hunderte vor dem Moskauer Gericht gegen den Urteilsspruch, darunter auch Ex-Schachweltmeister Garri Kasparow. Er wurde, wie knapp einhundert weitere Demonstranten festgenommen.[64] Gegen ihn lief eine Anklage wegen des Verstoßes gegen das Demonstrationsrecht, die aber zu seinen Gunsten entschieden wurde. Ein Moskauer Gericht sah dafür nicht genügend Beweise, was Kasparow eine hohe Geldstrafe oder bis zu 15 Tagen Gefängnis ersparte, nachdem das Demonstrationsrecht im Frühjahr 2012 deutlich verschärft worden war. Kasparow selbst bezeichnete das Ergebnis als historisch. Noch nie sei es vorgekommen, dass ein russischer Richter der Darstellung eines Polizisten widersprach. Ihm wird jedoch auch noch vorgeworfen, einen Polzisten gebissen zu haben. In diesem Zusammenhang drohen ihm bis zu fünf Jahre Haft.[65]

---

[63] www.faz.net
[64] www.spiegel.de
[65] www.focus.de

Die Frauen von „Pussy Riot" sind nicht die einzigen, die in solch einer Sache angeklagt wurden. Im Sommer 2010 fand ein Prozess statt, bei dem die Kunstkuratoren Andrei Jerofejew und Juri Samodurow wegen Aufstachelung zu religiösem Hass angeklagt wurden. Hier erhob derselbe Staatsanwalt wie bei „Pussy Riot" die Klage und forderte drei Jahre Haft. Die beiden hatten „gotteslästerliche" Kunstwerke ausgestellt und damit die religiösen Gefühle der orthodoxen Gläubigen verletzt. Beide wurden zu einer Geldstrafe verurteilt.[66]

Hier kann man abschließend festhalten, dass es sich bei „Pussy Riot" genauso verhält wie bei den Aktionskünstlern des Moskauer Aktionismus. Sie protestierten gegen eine Welt, die ihrer Meinung nach so nicht funktioniert und funktionieren darf. Es gibt nur einen bedeutenden Unterschied zur heutigen Zeit: das Internet. Dadurch, dass heute die ganze Welt miteinander verbunden ist, verbreiten sich Informationen auf anderem Weg und bedeutend schneller. Menschenwürde wird hochgehalten, demokratische Regierungen, die keine sind werden nicht toleriert. Die Aktivistinnen stießen und stoßen noch immer auf viel positive Resonanz und auf viele Menschen, die sich ihrer Idee anschließen können. so wurden auch schon Diktatoren gestürzt.

---

[66] www.spiegel.de

4. Schluss

Greifen wir abschließend noch einmal das Zitat vom Beginn auf. „Es ist ein Narr, ein Künstler, wenn wir Glück haben, ein "Narr in Christo". Wir sollten ihm zuhören." Diese Arbeit hatte zum Thema das Erbe des Jurodstvo in der postmodernen russischen Kunst nachzuweisen. Anhand von zwei Beispielen aus dem Moskauer Aktionismus konnte eine klare Verbindung zwischen dem Narrentum und der Kunst gezogen werden. Es wurde gezeigt, dass der Widerstand gegen herrschende Normen und ihrer Träger in der Tradition des Jurodstvo liegt und in den Künstlern der postmoderne weiterlebte. Aber auch ein Bogen zu den aktuellsten Ereignissen um die Aktivistinnen der Punkband „Pussy Riot" konnte geschlagen werden. Hier ließ sich wie bei den Moskauer Aktionisten der Drang zu Weltverbesserung nachweisen. Und auch das Bedürfnis nach Selbsterniedrigung für die bessere Sache ist zumindest für Nadjeschda Tolokonnikowa nicht von der Hand zu weisen.

Es ist abschließend auch anzumerken, das zu der Thematik nur wenig deutschsprachige Forschungsliteratur existiert, so dass man hinsichtlich vieler Aussagen auf eine indirekte Zitation zurückgreifen muss. Die Studie von Ottovordemgentschenfelde erwieß sich als sehr ausführlich, gut recherchiert und hilfreich für die Arbeit, wenn sich jedoch an manchen Stellen, insbesondere in Bezug auf die Verbindung zur postmodernen Kunst, manche Lücke sowie zahlreiche Rechtschreib- und Formulierungsfehler aufwies. Das 2011 erstmals erschienene Buch zum Moskauer Aktionismus erwies sich für den zweiten Teil der Hausarbeit als deutlich hilfreicher.

Abschließend kann zusammengefasst werden, dass die Tradition des Jurodstvo noch heute in der Kunst weiter existiert und hier wahrscheinlich auch noch lang erhalten bleiben wird.

Quellenverzeichnis

Badura-Triska, Eva (2012): *Wiener Aktionismus - Kunst und Aufbruch im Wien der 1960er-Jahre*, Wien, Verlag der Buchhandlung König.

Drews-Sylla, Gesine (2011): *Moskauer Aktionismus – Provokation der Transformtionsgesellschaft*; München, Wilhem Fink Verlag.

Ottovordemgentschenfelde, Natalia (2004): *Jurodstvo: eine Studie zur Phänomenologie und Typologie des Narren Christo. Jurodivyj in der postmodernen russischen Kunst*, Frankfurt am Main, Europäischer Verlag der Wissenschaften.

Internetquellen:

Abbildung 1, Oleg Kuliks „Mad Dog":
http://www.great.szpilman.de/index.php?/k/kulik-oleg/ (letztmalig abgerufen am 30.08.2012)

Abbildung 2, Oleg Kuliks „The Family of the Future"
http://www.artfacts.net/en/artist/oleg-kulik-7923/artwork/family-of-the-future-20712.html (letztmalig abgerufen am 30.08.2012)

Abbildung 3, Oleg Kuliks „Red Flag" http://netlevel.netpeople.hu/cikk.php?c=417 (letztmalig abgerufen am 30.08.2012)

Abbildung 4, Oleg Kuliks „Pavlov's Dog"
http://www.arcadja.com/auctions/es/kulik_oleg/artista/185876/ (letztmalig abgerufen am 30.08.2012)

Abbildung 5, Aleksandr Breners „grünes Dollarzeichen"
http://search.it.online.fr/covers/wp-content/suprematism-white-cross-alexander-brenere28099s-dialogue-with-kazimir-malevich.jpg (letztmalig abgerufen am 30.08.2012)

Abbildungen 6-9, Protest gegen Pussy-Riot-Urteil
http://www.fr-online.de/fotostrecken-politik,1472612,16951370.html (letztmalig abgerufen am 30.08.2012)

Artcrimes aufgerufen unter: http://www.artcrimes.net/suprematisme-1920-1927#fn2 (letztmalig abgerufen am 30.08.2012)

Deutschlandradio aufgerufen unter: http://www.dradio.de/aktuell/1842986/ (letztmalig abgerufen am 30.08.2012)

Fokus aufgerufen unter: http://www.focus.de/politik/ausland/historisches-urteil-fuer-kremlkritiker-pussy-riot-unterstuetzer-kasparow-freigesprochen_aid_806333.html (letztmalig abgerufen am 30.08.2012)

Frankfurter Allgemeine Zeitung aufgerufen unter:

http://www.faz.net/aktuell/politik/ausland/pussy-riot-lady-suppenhuhn-11867761.html (letztmalig abgerufen am 30.08.2012)

Frankfurter Rundschau aufgerufen unter: http://www.fr-online.de/politik/pussy-riot-proteste-im-koelner-dom-kirche-verklagt-pussy-riot-unterstuetzer,1472596,16950362.html (letztmalig abgerufen am 30.08.2012)

IDEA aufgerufen unter: http://www.idea.de/detail/gesellschaft/detail/blasphemie-taugt-nicht-als-mittel-des-protests.html (letztmalig abgerufen am 30.08.2012)

Mokant aufgerufen unter: http://mokant.at/politik/1205-interview-pussy-riot.html (letztmalig abgerufen am 30.08.2012)

Rolling Stone aufgerufen unter: http://www.rollingstone.de/news/meldungen/article 317535/pussy-riot-sagt-putin-auf-wiedersehen-reaktionen-auf-das-urteil.html (letztmalig abgerufen am 30.08.2012)

Spiegel online aufgerufen unter: http://www.spiegel.de/politik/ausland/pussy-riot-prozess-merkel-beklagt-unverhaeltnismaessig-hartes-urteil-a-850721.html (letztmalig abgerufen am 30.08.2012)

Spiegel online aufgerufen unter: http://www.spiegel.de/politik/ausland/russland-punkerinnen-von-pussy-riot-legen-berufung-ein-a-852371.html (letztmalig abgerufen am 30.08.2012)

Spiegel online aufgerufen unter: http://www.spiegel.de/politik/ausland/prozess-gegen-pussy-riot-tag-der-entscheidung-a-850334.html (letztmalig abgerufen am 30.08.2012)

Süddeutsche Zeitung aufgerufen unter: http://www.sueddeutsche.de/politik/ russische-punkband-vor-gericht-pussy-riot-schuldig-gesprochen-1.1443467 (letztmalig abgerufen am 30.08.2012)

Tagesschau aufgerufen unter: http://www.tagesschau.de/ausland/pussyriot144.html (letztmalig abgerufen am 30.08.2012)

Wiktionary aufgerufen unter: http://de.wiktionary.org/wiki/M%C3%B6nch (letztmalig abgerufen am 30.08.2012)

Wikipedia aufgerufen unter: http://de.wikipedia.org/wiki/Pussy_Riot#cite_note-47 (letztmalig abgerufen am 30.08.2012)

Die Zeit aufgerufen unter: http://www.zeit.de/gesellschaft/zeitgeschehen/2012-08/pussy-riot-flucht (letztmalig abgerufen am 30.08.2012)

Die Zeit aufgerufen unter: http://www.zeit.de/gesellschaft/zeitgeschehen/2012-08/pussy-riot-russland (letztmalig abgerufen am 30.08.2012)

Die Zeit aufgerufen unter: http://www.zeit.de/news/2012-08/19/justiz-madonna-solidarisiert-sich-mit-pussy-riot-19052204

Anhang

Abb. 1: Oleg Kulik, *Bešenyj pes, Ili poslednee tabu, ochranjaemoe odinokim Cerberom*
(Mad Dog or Last Taboo Guarded by Alone Cerber), Marat Gel'man Galerie, Moskau 1994
(Quelle: www.great.szpilman.de/)

Abb. 2: Oleg Kulik, *The Family of the Future*,   Abb. 3: Oleg Kulik, *Piros zászlóval*
(Red Flag),

Moskau 1997 (Quelle: www.artfacts.net)   Moskau 1999 (Quelle:

http://netlevel.netpeople.hu)

Abb. 4: Oleg Kulik,*Sobaka Pavlova* (Pavlov's Dog), Rotterdam 1996 (Quelle: www.arcadja.com)

Abb. 5: Aleksandr Brener, *grünes Dollarzeichen auf „Suprematism"*, Amsterdam 1997 (Quelle: http://search.it.online.fr)

Abb.6

Abb. 7

Abb. 8

Abb. 9

Abb. 6 - 9: Bilder zur Protestaktion für die Freilassung von Pussy Riot
(Quelle: http://www.fr-online.de)